MAURO BARACHETTI
MANUEL MAURI

AMORE, COME POSSO PARLARTI?

Comprendere Se Stessi e il Partner per Vivere la Relazione di Coppia in Modo Completo e Sereno

Titolo

"AMORE, COME POSSO PARLARTI?"

Autore

Mauro Barachetti & Manuel Mauri

Editore

Bruno Editore

Sito internet

http://www.brunoeditore.it

Sommario

Introduzione

Questo manuale nasce dalla nostra esperienza. Come psicoterapeuti lavoriamo quotidianamente a contatto con persone che vogliono imparare a risolvere e superare le incomprensioni che possono nascere all'interno della coppia. La nostra intenzione è mostrarti strumenti pratici e utili per far crescere la tua capacità di dare e ricevere amore.

Con il tempo, visto che il numero di richieste aumentava, abbiamo deciso di organizzare dei corsi aperti a tutti, in cui si affronta il tema del rapporto di coppia. È nato così *L'Amore Davvero*™, un percorso di crescita personale che, attraverso esercizi ed esperienze pratiche, aiuta le persone a scoprire un concetto tanto semplice quanto profondo: per amare ed essere amati bisogna prima di tutto essere in grado di amare se stessi.

Essendo psicoterapeuti ci siamo resi conto di come molte persone soffrano a causa di una profonda insoddisfazione che deriva da un concetto di amore che prevede sacrificio e sofferenza. Sembra che la maggior parte delle persone abbia perso per strada il vero significato dell'amore.

Molti dimenticano che l'amore nasce dal proprio cuore. Se si perde di vista questa verità, tutto quello che verrà costruito sarà come una casa dalle fondamenta deboli: ogni minima scossa del terreno verrà vissuta come una minaccia alla stabilità della coppia.

Attraverso questo manuale scoprirai le basi per costruire *L'Amore Davvero*™ e vivere una relazione di coppia piena di soddisfazione.

Augurandoti *L'Amore Davvero*™,
Mauro Barachetti & Manuel Mauri

CAPITOLO 1
Come generare l'amore

Anni fa incontrai due simpatici vecchietti alla fermata dell'autobus. Senza pensarci molto chiesi loro da quanto tempo fossero sposati. La risposta fu: «Cinquant'anni». Wow! pensai, cinquant'anni! Non potevo perdere l'occasione e iniziai a tempestarli di domande. Avevo appena iniziato una relazione e, siccome ci stavo investendo tutto me stesso, volevo capire quali fossero i segreti di tale successo. Il signore anziano a un certo punto mi guardò negli occhi e mi disse: «Se vuoi avere successo in amore, giovanotto, devi seguire solo una regola». «Quale?» chiesi. Lui rispose: «Devi essere egoista!»

BAM! In un attimo mi crollò il mondo addosso. Io che pensavo che l'amore fosse darsi senza negarsi, che il sacrificio fosse parte fondamentale dell'amore, rimasi letteralmente sconvolto. Ovviamente, detti poco peso a quelle parole, perché pensai che mi stesse prendendo in giro. Sono passati dieci anni e diverse relazioni e solo ora, ripensando a quella coppia di anziani, riesco a capire quanto fossi stato fortunato a trovali lungo la mia strada.

È solo dopo molto tempo che ho capito quelle parole, «Devi essere egoista». La difficoltà nel comprendere nasceva da una *forma mentis* legata a regole che ci vengono imposte dalla nostra società, regole come: «In amore devi dare tutto te stesso», «Tu hai un valore solo se qualcuno è innamorato di te», «Al mondo c'è la persona giusta per te».

Prova a pensarci. Tutti sanno che l'amore è ovunque intorno a noi e si manifesta in un infinito numero di modi. Basta che ti guardi intorno e trovi amore.

Passeggi per il centro e vedi coppiette di ogni età che si prendono per mano, mamme e papà che giocano con i loro figli, gruppi di amici che scherzano e si divertono insieme. C'è così tanto interesse intorno all'amore che molti di noi sono condizionati a credere che bisogna trovare l'amore a tutti i costi, perché crediamo di avere valore solo se qualcuno è innamorato di noi.

Tutto ciò spinge milioni di persone a intraprendere relazioni procedendo alla cieca, perché nessuno ha mai spiegato loro come si costruisce un rapporto di coppia. Questo manuale, che è il risultato di anni di ricerche sia sui libri che sul campo, ha come obiettivo proprio quello di darti strumenti utili a prevenire e migliorare la tua attuale o futura relazione.

La prima cosa da considerare è che l'amore è un "gioco" e, come tutti i giochi, ha delle regole ben precise. Quindi è necessario conoscerle. Se ci pensi bene, non conoscere queste regole è un po' come andare in macchina senza avere la minima idea del significato dei segnali stradali. L'incidente è inevitabile. Ti ritroveresti a imparare per tentativi. E ti assicuro che è il metodo più lento, pericoloso e dispendioso che ci possa essere.

Nel nostro lavoro come psicoterapeuti ci capita spesso di trovare persone che soffrono a causa dell'amore. A volte pensano che le loro sofferenze siano l'effetto di un amore non ricevuto in passato. Altre volte soffrono perché credono di non riuscire a farsi amare da chi hanno intorno. La verità è che se vuoi avere successo in amore devi cambiare quella regola che ti condiziona con una nuova regola: più sei capace di amare te stesso, più aumenterai il tuo valore, più sei in grado di provare amore per te stesso, più gli altri ti ameranno.

SEGRETO n. 1: il vero valore non proviene dall'amore che ricevi, ma dall'amore che *tu* dai a te stesso.

Quando ai nostri clienti o alle persone che partecipano ai nostri corsi diciamo che il segreto per avere successo in amore è essere egoisti, la maggior parte di loro ci guarda sconvolta. Questo succede finché non è chiaro il meccanismo che sta alla base del nostro progetto.

Nella relazione con l'altro troviamo infatti uno specchio. La relazione ci offre il riflesso di chi siamo. Ciò che succede dentro una relazione, ha a che fare con quello che c'è dentro di te. Spesso pensiamo che ci sia qualcosa che non va nello specchio, e allora che facciamo? Semplice, cambiamo lo specchio. Ma cosa succede dopo un po'? Succede che viene riflesso sempre lo stesso soggetto. Sei sempre tu.

È sempre la solita storia, come un copione che si ripete: «Le donne sono tutte infedeli», «Gli uomini sono infantili». Avrai di certo sentito pronunciare queste frasi; è pertanto arrivato il momento di cambiare. Ma attenzione, non cambiare partner, ma cambiare se stessi.

È un po' come se fossi un attore a cui vengono proposti sempre gli stessi ruoli drammatici. Ti sei specializzato in quello. Per ottenere nuove storie e nuovi ruoli è necessario che, come un attore, lavori su te stesso; saranno poi quegli stessi ruoli e storie a venire da te! Non si tratta di trovare la persona giusta o aspettare la persona giusta, ma *essere* la persona giusta. Il segreto è cercare di essere *tu* la persona giusta con cui vuoi stare. Non aspettare che lo sia la persona che incontrerai.

SEGRETO n. 2: non aspettare la persona giusta, impegnati a essere *tu* la persona giusta.

La relazione riflette chi sei ora. «Allora» potresti pensare, «se ho alle mie spalle storie andata male, significa che in me c'è qualcosa che non va?» Levati dalla testa che tu sia sbagliato o che ci sia qualcosa che non va dentro di te. La verità è che ci sono parti di te che hanno bisogno di essere comprese, rispettate, amate e valorizzate. *L'Amore Davvero™* è prima di tutto amare e rispettare se stessi, perché solo così si può dare senza aspettarsi nulla in cambio ed essere finalmente liberi di amare veramente.

Molte persone vivono nella speranza che l'amore sia trovare la persona giusta al momento giusto. Il 99% del successo in amore, invece, dipende dal rispetto dei tuoi desideri inconsci.

Alcune persone, a livello conscio, possono credersi sicure e mature, ma qualcosa, inconsciamente, continua a bloccare il loro amore. C'è qualcosa dentro di loro che li porta in quella direzione, ed è proprio quel "qualcosa" a condizionare i loro risultati.

Nel nostro lavoro di psicoterapeuti molto spesso incontriamo persone che arrivano da noi avendo tentato in tutti i modi di cambiare l'esterno: cambiare compagno, cambiare compagna, cambiare città, cambiare lavoro. Se lo sono imposti, si sono impegnati, ma qualcosa dentro ancora li blocca e non riescono a cambiare.

Il nostro compito è proprio quello di aiutare le persone ad accedere a un livello più profondo del loro essere, al quale con la sola logica non si riesce ad arrivare. Per questo utilizziamo l'ipnositerapia, perché permette di sorpassare le paure e i dubbi che la *mente critica* crea, e arrivare così a conoscere i propri sentimenti e bisogni puri.

Se riesci a cambiare ciò che c'è in te, puoi cambiare i risultati che ottieni nella vita di tutti i giorni. Non c'è motivo per continuare a mettere in atto abitudini distruttive. Ricordati che tu meriti il meglio.

Dalla nostra esperienza abbiamo imparato che le persone, quando le cose vanno male, spesso dicono frasi del tipo: «Posso farcela da solo, io non ho bisogno di aiuto», oppure: «Prima o poi lei/lui cambierà» e così evitano il problema. Il più delle volte significa che passano da una relazione all'altra nella speranza che le cose cambino da sole. Tuttavia c'è un aspetto chiave nascosto agli occhi della maggior parte delle persone, ed è questo: ovunque tu vada, troverai te stesso!

È inutile girarci intorno o evitare di affrontare la realtà. Se vuoi che le cose cambino, comincia a comportarti da persona matura e responsabile, fermati e cerca di capire. Ciò che devi fare ora è lavorare su di te, perché questa è un'occasione che non puoi perdere. Questo manuale ti aiuterà nel tuo percorso di osservazione, consapevolezza e trasformazione.

Inizia allora a porti queste domande: «Chi sono io? Cosa penso? In che cosa credo? Quanto mi sento sicuro di me stesso? Quanto credo negli altri? Qual è il mio modo di agire?»

Ciò che pensi, i tuoi bisogni, le tue aspettative e i tuoi atteggiamenti costituiscono la parte centrale del tuo successo relazionale. La verità è questa: le tue relazioni cambiano quando cambi tu.

SEGRETO n. 3: le tue relazioni sono il risultato di ciò che avviene dentro di te.

Hai mai visto cosa capita alla maggior parte delle persone che si innamorano? All'inizio della storia tutto va bene, ma poi qualcosa si spezza e finiscono per lasciarsi dolorosamente. Molti tendono a dare la colpa alle circostanze, alcuni all'altra persona, ma in verità il problema è la scarsa conoscenza di se stessi.

Infatti, se entri in una relazione senza conoscerti profondamente, la tua storia è destinata a concludersi in malo modo. In pratica la tua storia non diventa un'occasione di crescita, ma l'ennesimo fallimento che ti accompagnerà per lungo tempo.

La maggior parte delle persone sembra non avere le capacità interiori per creare e sostenere una storia quando si fa più seria e aumentano le sfide da affrontare. Questo perché non hanno gettato solide basi fin dal primo momento: non si può costruire una casa senza delle solide fondamenta; prima o poi cade. Se vuoi costruire una casa che stia in piedi saldamente, devi partire dalle fondamenta.

Tutti noi abbiamo una struttura interiore che è in grado di condizionare i nostri comportamenti e le nostre scelte. E più di ogni altra cosa è questa struttura, da noi chiamata *Triangolo dell'Amore*, che predice il destino relazionale di ognuno di noi.

Ricorda: la tua relazione è il risultato dell'equilibrio che si crea in questo triangolo, fatto di bisogni, emozioni, aspettative e comportamenti.

Bisogni + Emozioni + Aspettative + Comportamenti

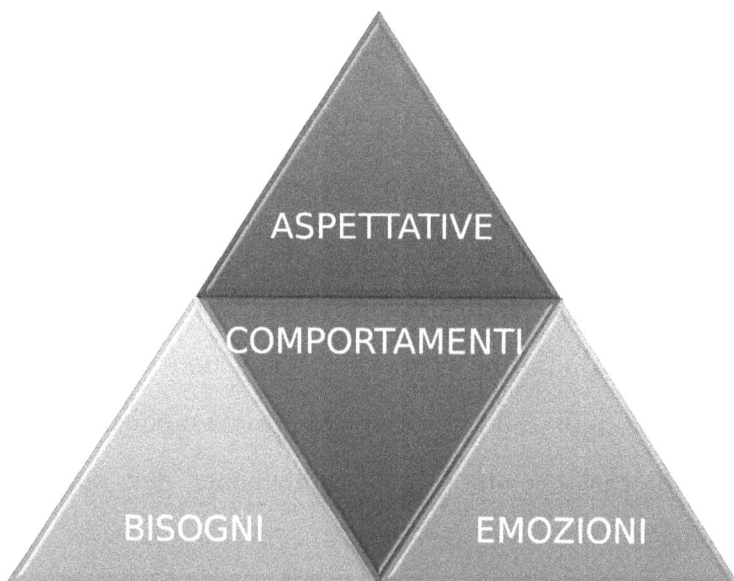

Cos'è il Triangolo dell'Amore? Tutti possediamo un sistema personale legato alle relazioni d'amore. Nelle consulenze e nei percorsi che facciamo utilizziamo questa immagine per spiegare i meccanismi che stanno alla base delle relazioni.

Ognuno di noi possiede una struttura inconscia radicata nella propria mente che determina o meno il successo in amore. Un po' come se fosse uno stampo che determina la forma delle cose. Se non cambiamo lo stampo, la fisionomia delle nostre relazioni rimarrà sempre la stessa, non importa quanti partner cambiamo, il risultato non muterà.

Se hai uno stampo per dolci tondo, è impensabile che faccia torte di forma quadrata. Anche se cambi gli ingredienti, le torte avranno sempre la stessa forma! È solo modificando la matrice, che otterrai risultati diversi. Per ottenere dei cambiamenti devi soffermarti su ogni elemento del Triangolo dell'Amore. Inizia dal primo elemento: i *bisogni*.

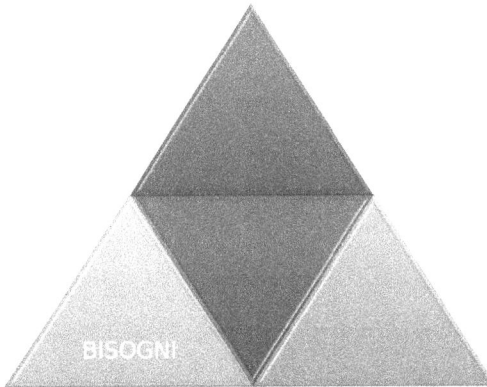

I bisogni sono delle forze che nascono dentro di te e ti spingono verso una direzione ben precisa: la loro soddisfazione. Ricorda, sapere come prendersi cura dei propri bisogni è il primo compito da assolvere quando si affronta una relazione. In generale ognuno di noi mira a soddisfare questi bisogni:

- bisogno di amore e contatto;
- bisogno di sicurezza;
- bisogno di varietà;
- bisogno di crescere;
- bisogno di essere importante;
- bisogno di essere accettato;
- bisogno di contribuire.

I bisogni sono inconsci e sono organizzati in maniera gerarchica. Tutti hanno delle modalità preferenziali e ripetitive che li soddisfano.

Se in questo momento il bisogno più importante per te è sentirti accettato, la mancata soddisfazione di ciò causerà in te sofferenza. Gli altri bisogni dovrai comunque soddisfarli, ma il bisogno di sentirsi accettato sarà quello prioritario a cui sarai più sensibile.

Per questo, comincia a capire quali sono i modi attraverso i quali in passato sei riuscito a soddisfare questo bisogno, e dopo averli individuati, condividili con il tuo partner.

Eccoti un esempio. Per Marta il bisogno più importante è crescere. Marta ritiene che questa sia una parte importante e ovvia di ogni relazione. Quando si è trovata di fronte alla domanda: «Quali sono i modi attraverso i quali soddisfi questo tuo bisogno?», si è sentita spiazzata. Non ci aveva mai pensato. Lo dava semplicemente per scontato. È stato folgorante per Marta scoprire che non aver mai condiviso con i suoi partner i modi attraverso i quali sentiva soddisfatto il suo bisogno di crescere, aveva creato ogni volta dei problemi.

Ricorda: conoscere e rispettare i tuoi bisogni ti permette di costruire una relazione solida e piena di amore, quando invece li dai per scontati e non li condividi, potresti minare la stabilità e la possibilità di crescere della tua relazione.

SEGRETO n. 4: non dare mai per scontato che l'altro/a sappia come soddisfare i tuoi bisogni.

Passiamo adesso al secondo elemento del Triangolo dell'Amore: le *emozioni*.

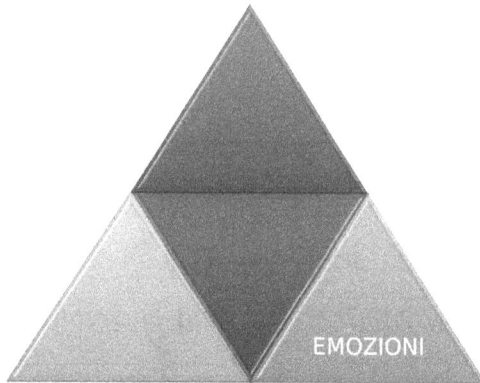

I bisogni condizionano quello che provi e quindi le tue emozioni. Le emozioni sono i campanelli che i bisogni usano per comunicare con te. Se i bisogni non sono soddisfatti generano in te emozioni negative, se invece sono soddisfatti e te ne prendi cura, generano in te emozioni positive.

Le emozioni sono dei veri e propri indicatori di movimenti inconsci. Esistono sei emozioni base che universalmente tutti proviamo. Ciò significa che non è importante la tua cultura o il ceto sociale a cui appartieni. In forme diverse ognuno di noi prova queste emozioni universali che sono state studiate da Paul Ekman, professore di psicologia dell'Università della California, famoso anche in Italia per la serie televisiva *Lie to me*, ispirata alle sue ricerche nel campo delle emozioni. Le sei emozioni universali che tutti proviamo sono:

- sorpresa;
- paura;
- disgusto;
- rabbia;
- felicità;
- tristezza.

Per il momento tieni presente che è importante riconoscere la presenza o meno di queste emozioni in te, specialmente quando sei all'interno di una relazione di coppia. Ricorda: le emozioni determinano la qualità della tua vita. Cerca di rendere passeggere le emozioni negative e durevoli quelle positive.

Passiamo adesso al terzo elemento del Triangolo dell'Amore: le *aspettative*.

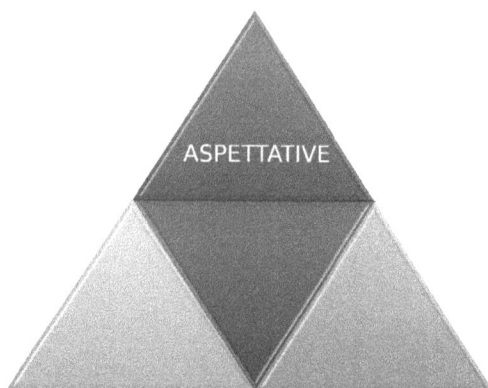

Per proteggere bisogni ed emozioni la tua mente crea le aspettative. Le aspettative sono delle previsioni su ciò che pensi che accadrà. Può succedere che non tutte le aspettative che si generano dentro di te vengano soddisfatte all'interno della relazione. Non tutto ciò che *tu* pensi deve per forza accadere. Per questo, è importante individuarle e condividerle.

Se ad esempio la tua ragazza o il tuo ragazzo si aspetta di ricevere una telefonata da parte tua appena hai finito di lavorare e questo non accade, si può creare sofferenza nella coppia. I problemi della coppia nascono il più delle volte quando le aspettative non sono condivise, e questo genera non pochi problemi. Ricorda: capire e condividere le emozioni e i bisogni che stanno dietro alle aspettative è fondamentale per la salute della coppia. Nel terzo Capitolo scoprirai come comunicare al meglio le aspettative al tuo partner e inoltre imparerai ad ascoltare e comprendere profondamente il significato delle aspettative altrui nella coppia.

L'ultimo elemento che andiamo ad analizzare sono i *comportamenti*.

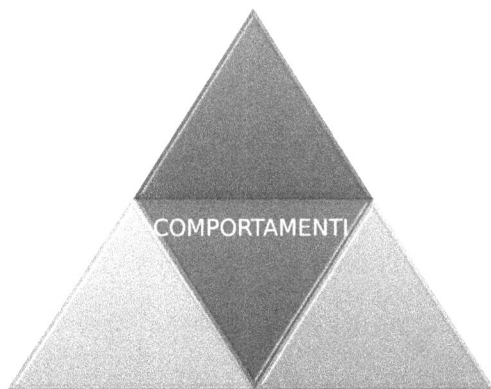

I comportamenti sono la parte più immediata e visibile del disagio o del benessere della coppia stessa. Comportamenti di esclusione del partner o di rabbia, comportamenti di scarsa cura e attenzione, comportamenti di fiducia e comprensione, sono espressione della salute della coppia.

Ricorda: molto spesso, erroneamente, ci si concentra sui comportamenti per capire cosa va o non va nella coppia. Tuttavia, è bene sapere che i comportamenti sono la parte più superficiale e ingannevole. È quindi importante, per la salute della coppia, esplorare le diverse componenti finora descritte, per mantenere la solidità del rapporto e aumentare il benessere nello stare insieme.

Hai l'opportunità di andare in profondità scoprendo quali sono i tuoi reali bisogni, le tue emozioni e le tue aspettative, diventando consapevole di come sia possibile cambiare i comportamenti che non funzionano e valorizzare ciò che invece va bene all'interno della tua relazione. È fondamentale capire quali sono i meccanismi che hanno condizionato la tua vita affettiva, ed essere finalmente libero di dirigerla in accordo con i tuoi bisogni più profondi.

È un tuo diritto essere libero di creare la vita affettiva che più desideri e di gioire dell'opportunità che la vita ti ha offerto sperimentando il vero amore. Se sei già all'interno di una relazione di coppia, adesso hai la possibilità di scoprire insieme al tuo partner come mai le cose tra di voi non funzionano e, di conseguenza, come migliorarle. Se il tuo rapporto è in crisi avrai l'occasione di diventare consapevole dei meccanismi che stanno minando la vostra libertà di amare. Se invece in questo momento sei single, avrai il tempo per chiarire con te stesso cosa cerchi davvero all'interno di una relazione, giungendo a un livello di consapevolezza profonda che ti consentirà di attrarre solo quello che desideri davvero da una relazione, evitando la confusione che ti ha fatto girare alla cieca in questi anni alla ricerca dell'amore.

Arrivato a questo punto eccoti svelata la regola di base del metodo *L'Amore Davvero*™. La regola di base è questa: prima impara a soddisfare da solo i tuoi bisogni e poi impara a condividere i modi per soddisfarli. Dai all'altro la possibilità di scegliere, e dai a te stesso la possibilità di sperimentare qualcosa di nuovo. Perché la relazione di coppia è una relazione tra adulti e non tra genitore e figlio.

SEGRETO n. 5: le aspettative nascondono dei bisogni, ed è su questo che la coppia deve lavorare per imparare a condividere.

Se ci pensi i maggiori problemi nella coppia si creano quando non c'è condivisione di questi aspetti, quando non si parla più di aspettative, bisogni ed emozioni tra i partner. Quando non c'è più interesse per cosa è importante per lei o lui e stare insieme diventa una noiosa routine dove tutto si dà per scontato. Le relazioni iniziano ad avere dei problemi quando si interrompe la comunicazione.

«Ok, ho capito» dirai, «mi è tutto chiaro. Ma come mai faccio così fatica a condividere, come mai mi spaventa mostrare i miei bisogni e vivere le mie emozioni, come mai mi sento bloccato dentro? Io amo il mio partner, ma ogni volta che ci confrontiamo succede il finimondo e si finisce col litigare. Il più delle volte sento che c'è qualcosa che non va, ma sto zitto. Come posso sbloccarmi davvero e operare un cambiamento profondo, e arrivare finalmente ad amare?»

Quando senti una forte voglia di cambiare e di migliorare, ma non ci riesci, il motivo è che qualcosa a livello inconscio ti sta bloccando e di conseguenza blocca il tuo *potenziale d'amore*. Quando il potenziale d'amore non riesce a esprimersi proviamo frustrazione e tristezza. Bisogni, emozioni e aspettative non provengono dal caso, come avrai modo di vedere nei prossimi capitoli, ma sono solo una parte del processo.

Tante persone dicono: «Io so esattamente cosa voglio ma sul più bello qualcosa mi blocca e non riesco a mettere in pratica quello che so essere la cosa giusta per me». Cosa vuol dire questa frase? Come mai una persona che ha chiari i suoi bisogni, le sue emozioni e le sue aspettative, può ritrovarsi bloccata nel momento in cui deve esprimerli? Cos'è che la paralizza?

Per alcuni può essere il pensiero di ferire l'altro, per qualcun altro il pensiero di deludere le aspettative, per altri ancora il pensiero di essere abbandonati e rimanere da soli. In realtà la parola che nessuno vuole dire ma che è quella più adeguata per la situazione è... paura!

Nel nostro lavoro di psicoterapeuti incontriamo quotidianamente persone eccezionali, persone che hanno abilità superiori alla media. Persone che hanno fatto esperienze di vita che le hanno forgiate e rese uniche. Persone che meriterebbero il "Nobel dell'Amore" sia per le cose che hanno fatto, sia per quanto hanno dato agli altri. Tuttavia, non ci riescono perché non hanno ancora sbloccato il loro potenziale d'amore. Solo per questa ragione non hanno ancora riscosso l'amore che spetta loro.

Per usare una metafora, è un po' come se queste persone fossero in possesso di un enorme baule pieno di amore vero e incondizionato, un baule enorme e carico di "monete di amore vero" che però non riescono ad aprire. Anche se potenzialmente hanno tutto l'amore di cui hanno bisogno, non riescono ad aprire la combinazione di questo forziere e le monete rimangono lì inutilizzate. Queste persone soffrono non perché sono prive di amore, ma perché questo carico di enormi tesori, invece che essere utilizzato, diventa un fardello pesante e fastidioso da portarsi appresso.

Sbloccare questo forziere del tesoro equivale a liberarsi da quei condizionamenti che ci portiamo dietro e che spesso partono da quello che ci hanno detto gli altri, i nostri genitori, la nostra educazione, le nostre figure di riferimento quando eravamo più giovani. I messaggi e i condizionamenti negativi che abbiamo appreso dalla società in cui viviamo, invece di aiutarci, ci vincolano a una vita senza amore vero. Dopo anni di osservazione sul campo ci siamo accorti che esistono forze molto potenti in grado di influenzare inconsapevolmente le persone. Abbiamo chiamato queste forze *incantesimi*.

Questa è una scena che più e più volte abbiamo visto nel nostro lavoro di consulenza privata:

Lei: «Faccio di tutto per te e tu non ci sei mai, non ti interessi di me e sembra proprio che vivi da un'altra parte!»

Lui: «Ma perché, volevi qualcosa?»

Lei: «Certo, ho bisogno di sapere che per te sono importante ma tu non fai niente per farmelo capire».

Lui: «E perché non me l'hai mai chiesto?»

Lei: «Perché ci dovresti arrivare da solo!»

Questo dialogo lo abbiamo sentito centinaia di volte e forse anche tu hai assistito a una situazione del genere tra persone che conosci. Questi casi sono quelli che nelle dinamiche di coppia definiamo *incantesimi*.

Cos'è un incantesimo? L'incantesimo è una forma di suggestione ipnotica che applichiamo su noi stessi e che, senza nemmeno accorgercene, diventa il nostro modo di pensare. Un incantesimo è una forma negativa di autoipnosi. Questo spiega perché a volte è così difficile accorgersene e liberarsene.

Ma cos'è l'ipnosi e, soprattutto, cos'è l'autoipnosi? Nel nostro ebook gratuito *Cos'è l'ipnosi?* e nel *Mini-Corso Gratuito Cos'è l'Autoipnosi?* diamo da anni la risposta a questo quesito. L'autoipnosi è un mezzo potentissimo di convincimento che parte dentro di noi, non importa se quello che ci incanta o autoipnotizza sia vero o falso, il fatto è che se non sappiamo da dove arriva e non sappiamo come liberarcene, finiremo per pensare che sia la verità e ci lasceremo guidare, facendoci portare fuori strada e soffrendo.

Un esempio di incantesimo, o se preferisci di autoipnosi negativa, è quello che ha la persona che soffre di attacchi di panico quando deve prendere un aereo. Alcune persone sanno razionalmente che l'aereo è sicuro, tutti lo prendono, ma la loro mente ha imparato a generare automaticamente l'incantesimo «L'aereo è pericoloso, l'aereo cadrà e io morirò!» E così, tutte le volte che cercano di prendere l'aereo, la frase «L'aereo cadrà e io morirò» si genera spontaneamente nella loro mente provocando il panico. Per una persona che non ha gli strumenti adatti, uscire da questa situazione può diventare davvero dura.

Un'altra forma di incantesimo molto diffusa è la depressione: una persona può lasciarsi incantare da frasi del tipo: «La vita fa schifo, nessuno mia ama. È tutta colpa mia e niente cambierà. La vita è sofferenza e dolore». Così ogni volta che avrà la possibilità di cambiare e di stare bene, di apportare modifiche alla propria vita, spontaneamente si ripresenterà l'incantesimo che le ricorderà che «Tanto non cambierà mai niente, è inutile provarci».

L'incantesimo prende il nome da quello strano fenomeno che accadeva con i vecchi dischi in vinile: a volte il disco si inceppava e si bloccava in un punto di un brano, continuando a ripetere la stessa melodia senza mai fermarsi. Si diceva appunto: «Guarda che il disco si è incantato».

Magari sei bravo ad accorgerti di come gli altri cercano di

incantarti a parole quando, per esempio, qualcuno ti vuole rifilare articoli di scarso valore. Sicuramente sei preparato e sai che non sei obbligato a credere alle parole che quella persone ti dice. Forse sai anche distinguere benissimo la verità da una bugia.

Tuttavia ci sono incantesimi così potenti e invisibili che ti colpiscono senza neanche che te ne rendi conto. Questo succede soprattutto quando le parole che ti incantano provengono da dentro di te, dal tuo inconscio. Tutti noi tendiamo a credere vere quelle parole, perché siamo noi stessi a dirle, non un'altra persona. Per i più è davvero difficile accorgersene e porvi rimedio disincantandosi. Questo vale per tutti, non solo per te.

La stessa cosa può accadere all'interno della coppia quando uno dei due o anche entrambi finiscono per rimanere "incantati" dalle loro stesse paure. Ricorda: la paura vuole farci credere delle cose che l'amore sa benissimo essere false.

Come si fa a sbloccare questa situazione? La prima cosa è conoscere quali sono gli incantesimi e come funzionano, la mente poi sceglierà se crederci o meno.

Ogni incantesimo di cui parleremo avrà un nome, in modo che per te sia più facile riconoscerli e prenderne le distanze, lasciando che la tua mente sia libera di trovare l'*antidoto* giusto. Una volta libero da questi incantesimi, sarà più facile per te valutare lucidamente a cosa credere o non credere per il benessere tuo e della coppia.

RIEPILOGO DEL CAPITOLO 1:

- SEGRETO n. 1: il vero valore non proviene dall'amore che ricevi, ma dall'amore che *tu* dai a te stesso.

- SEGRETO n. 2: non aspettare la persona giusta, impegnati a essere *tu* la persona giusta.

- SEGRETO n. 3: le tue relazioni sono il risultato di ciò che avviene dentro di te.

- SEGRETO n. 4: non dare mai per scontato che l'altro/a sappia come soddisfare i tuoi bisogni.

- SEGRETO n. 5: le aspettative nascondono dei bisogni, ed è su questo che la coppia deve lavorare per imparare a condividere.

CAPITOLO 2
Come mantenere vivo l'amore

Hai visto come ognuno di noi possiede una matrice dell'amore inconscia composta da bisogni, emozioni e aspettative. Questa struttura l'abbiamo chiamata Triangolo dell'Amore. Hai anche visto che ognuno di noi, nel momento in cui non riesce a provare amore, può essere sotto l'influsso di uno o più incantesimi, ovvero meccanismi inconsci che sabotano dall'interno la tua possibilità di dare e ricevere amore.

Tu sei un forziere carico di amore. Non devi cercare disperatamente l'amore negli altri, ma devi cambiare rotta ed entrare in contatto con l'amore che è dentro di te. Alcuni ne sono più consapevoli di altri, ma anche tu in questo momento puoi renderti conto di come questo concetto sia importante per continuare il viaggio che abbiamo intrapreso insieme.

Cosa significa tutto questo? Significa che avendo già chiaro il fatto che dentro di te c'è il potenziale per provare tutto l'amore che desideri, adesso bisogna solo lasciare che questo si sveli a te in tutta la sua interezza.

Se questo non è possibile significa che sei vittima di un incantesimo. L'incantesimo, come già sai, è una forma di autoipnosi negativa. Perché l'incantesimo è autoipnosi negativa? L'autoipnosi è il modo attraverso il quale comunichiamo con noi stessi e in sé non è una cosa negativa né positiva, è semplicemente un'abilità della nostra mente.

L'autoipnosi è una forma di comunicazione interiore che ci può dare o togliere forza. Se ad esempio prima di conoscere una persona dentro di te dici: «No, è troppo bella/bello per me, non le/gli piacerò, chissà quante persone ci hanno già provato, ma perché dovrebbe darmi retta», è probabile che le tue azioni non saranno positive. Potresti addirittura decidere di non fare la conoscenza di quella persona anche se in realtà lo desideri fortemente.

Questa è una forma di autoipnosi negativa, un vero e proprio incantesimo che ti trasforma da sicuro a insicuro, indebolendoti.

SEGRETO n. 6: l'incantesimo è una forma di autoipnosi che utilizza la paura per indebolirci.

Quando invece ti dici che va bene così, che conoscere quella persona è OK perché sei una persona che ha un valore e sei guidato in questo dall'amore e non dall'arroganza (che è una forma di paura mascherata da sicurezza), in quel momento stai provando una forma di autoipnosi positiva. L'autoipnosi positiva utilizza l'amore e ti rende più forte

Ora che hai compreso davvero cosa sono gli incantesimi e magari ti sei anche riconosciuto in alcune situazioni in cui sei vittima inconsapevole della paura che questi possono generare, ti chiederai: «Come si fa a sbloccare questa situazione?» Il primo passo per sbloccare un incantesimo è conoscerlo, in modo da poterlo affrontare nel modo giusto quando si presenterà!

SEGRETO n. 7: sbloccare un incantesimo è possibile solo se lo sai riconoscere.

Ecco allora la lista degli incantesimi che nel nostro lavoro abbiamo incontrato più spesso, e che condizionano le relazioni di coppia.

Primo incantesimo: la cancellazione
«Se mi sacrifico, l'altro mi amerà e mi darà quello che voglio».

Luca era un ragazzo pieno di passioni e di amicizie. Da quando si è messo con Lara tutti dicono che è cambiato. Non frequenta più il bar, che da sempre è il punto di ritrovo per il suo gruppo. Lo si vede poco in giro e quando qualcuno lo chiama dà sempre risposte vaghe. Addirittura ha smesso di giocare a calcetto con la squadra che lui stesso, un anno prima, aveva radunato.

Luca è vittima di un incantesimo molto comune nella nostra cultura e che parte dalla concezione che l'amore è sacrificio. Chi è sotto questo incantesimo cancella totalmente i suoi bisogni e i suoi desideri in favore di quelli dell'altro.

Come nel discorso che abbiamo riportato prima tra Lei e Lui, lei si sacrifica, fa di tutto per lui, arriva perfino a sacrificare le cose a cui tiene di più, i suoi spazi e le sue amicizie per dedicarsi totalmente all'altro.

Dietro questo incantesimo si nasconde la paura che se chiediamo qualcosa l'altro possa rifiutarci o ancora peggio abbandonarci. In realtà più ci sacrifichiamo e più perdiamo valore agli occhi del partner. Questo è quello che molto spesso capita agli uomini che fanno i finti altruisti offrendo favori e attenzioni alle donne, non perché generosi ma perché nella loro mente c'è l'aspettativa: «Se le faccio questo favore poi lei sarà gentile con me».

Chiaramente questo proposito è destinato a trasformarsi in un insuccesso; la persona falsamente altruista, invece di ricevere amore o attenzione, viene sfruttata e maltrattata. Alcuni autori chiamano questa dinamica relazionale "altruismo insano", ovvero una forma di altruismo che non nasce dal desiderio di dare qualcosa in maniera incondizionata, senza aspettarsi nulla, ma che si basa sull'aspettarsi qualcosa che però non arriverà mai.

Secondo incantesimo: la sostituzione

«Se faccio le cose al posto del mio partner, mi amerà».

Sara convive da due anni con il suo ragazzo, ma si lamenta del fatto che lui non fa mai niente per la coppia, tocca sempre a lei prendere l'iniziativa per organizzare un'uscita, una vacanza, un momento solo per loro. Alle sue richieste il ragazzo sembra fare orecchie da mercante. Quando finisce di lavorare trascorre la maggior parte del tempo fuori con gli amici, e se invece è a casa, passa il tempo sul divano con la playstation o con il PC. Sara organizza momenti per loro due ai quali il suo ragazzo partecipa svogliatamente come per darle un contentino. Lei soffre, ma vive con la speranza che lui cambierà…

Il concetto base dell'incantesimo della sostituzione è questo: se mi occupo io di quello che dovrebbe fare il partner, poi mi darà attenzione. È tipico della vittima di questo incantesimo pronunciare frasi come: «Uffa, mi tocca prenotare le vacanze e aveva detto che lo avrebbe fatto lui, ma è meglio che lo faccia io altrimenti qui non si va da nessuna parte».

Daria è una ragazza giovane e molto intelligente ma spesso incontra difficoltà nel rapporto con il suo ragazzo e dice: «Pensa che quando l'ho conosciuto ci scambiavamo spesso delle occhiate furtive e da lì ho capito che c'era un interesse da parte sua, ma non faceva mai la prima mossa. Allora un bel giorno sono andata io a conoscerlo e chiedergli di uscire. Da quel momento in poi la nostra relazione ha sempre proceduto su questi stessi binari. Sono sempre io a fare la prima mossa, se fosse per lui starebbe tutto il tempo a pensare al lavoro».

La sostituzione parte da un incantesimo che è il seguente: se faccio qualcosa per lui, prima o poi mi amerà; se non lo faccio, nessuno mi amerà. In realtà se ti sostituisci all'altro, l'altro se ne starà comodo, pretenderà che sia sempre tu a fare le cose per la coppia. La paura che alimenta questo incantesimo è sempre la stessa: «Se chiedo qualcosa lui non la farà, tanto vale che la faccia io». In realtà questo incantesimo parte dalla paura di non essere all'altezza per farsi valere o semplicemente per reclamare quello che ci spetta.

Terzo incantesimo: la preparazione

«Quando sarò più sicuro/a di me, allora troverò il vero amore».

Marco è uno sportivo e un ottimo studente di giurisprudenza, prossimo alla laurea. Ha faticato molto ma per lui essere sempre preparato al meglio è un *must* imprescindibile. Purtroppo nelle relazioni non si sente mai all'altezza, a volte perché non si considera abbastanza bello, altre volte perché con tutte le attività che ha, non gli rimane tempo per dedicarsi a una relazione. Si trova bene con gli amici, ma la maggior parte delle volte rifiuta inviti da parte di ragazze perché non si sente al'altezza, non è pronto.

L'incantesimo della preparazione coglie molto spesso persone davvero intelligenti e valide, persone ad esempio molto brave nello studio o nello sport. Quando l'incantesimo si attiva può avere effetti catastrofici nella vita di queste persone di successo.

È una frase tipica di chi ne è sotto l'effetto avere questi pensieri: «Eh no, non adesso, perché non sono ancora abbastanza sicuro (o magro, alto, bello, simpatico ecc.)» e non accorgersi che in realtà agli occhi dell'altra persona si è già perfetti così. L'incantesimo della preparazione è chiamato così perché non si è abbastanza sicuri di avere quelle qualità che si ritengono fondamentali per buttarsi e vivere l'amore.

Mentre le donne che possono rimanere vittime di questo incantesimo sono rare, sempre più spesso sono invece i maschi, vittime di pensieri come questi: «Non sono abbastanza bello/ricco/sicuro di me per chiederle di uscire».

Quarto incantesimo: la rassegnazione
«Ormai per me è troppo tardi».

Tomas e Carmen convivono da cinque anni. Tomas è appassionato di macchine da corsa e ha una società che condivide con due amici. Carmen è impegnata in una banca e nel tempo libero porta avanti la sua passione per la moda. Entrambi vivono lontano dai familiari, hanno un figlio di quattro anni e un mutuo da pagare. L'ultima volta che sono andati in vacanza insieme è stato tre anni fa. Quando passeggiano non si prendono più per mano e raramente passano momenti di intimità. Litigano spesso e la passione di una volta ha lasciato il posto a una serie infinita di rimpianti.

Questo incantesimo si presenta all'interno della coppia che vive la situazione di "incantamento" producendo una forte sofferenza. Di solito si presenta sotto forma di frasi come: «Ci ho provato tante volte... ma ormai è troppo tardi, è troppo tempo che sono in questa situazione. Ormai le cose sono già scritte, ormai non c'è più tempo, avremo dovuto parlarne prima».

L'incantesimo in questione porta la coppia alla rassegnazione, e all'idea che ormai non ci sia più nulla da fare per cambiare la situazione, perché è troppo tardi, o peggio, perché bisognava pensarci prima. Di conseguenza si pensa che per tenere insieme la nostra relazione la cosa migliore sia non fare nulla e aspettare che le cose cambino, in base a una speranza che col tempo diventa sempre più un'illusione.

Ma c'è un rimedio a tutto ciò? Certo! E ora vedremo i principali antidoti che ti permetteranno di sbloccare il tuo disco incantato sulla stessa melodia.

Come trasformare gli incantesimi

La forza degli incantesimi sta nel fatto che molto spesso non ci accorgiamo che siamo sotto il loro influsso perché:

- non sappiamo che esistono e che forma assumono;
- non abbiamo gli antidoti.

Adesso che conosci gli incantesimi e hai compreso che si generano dalla paura, sei libero di prepararti per evitare che questi possano di nuovo avere effetto su di te. Più farai uso dei segreti che ti spiegheremo, più diventerà facile per te scovare gli incantesimi e liberartene.

Come usare la tecnica *break* per liberarti dagli incantesimi

Tutti noi abbiamo comportamenti consci e inconsci. Quando ti allacci le stringhe delle scarpe non pensi a quello che fai, è diventato un comportamento automatico, inconscio. Se invece provi consciamente ad allacciarti le scarpe pensando ad ogni singolo movimento che devi fare, molto probabilmente ti bloccherai più e più volte trovando il compito impossibile.

La stessa cosa accade a chi suona uno strumento musicale; se un pianista professionista vuole trasmettere delle belle emozioni durante la sua *performance*, sa che la cosa da non fare è pensare alle note. Penserà all'interpretazione del brano, se dare più o meno risalto a un certo passaggio, se rallentare o accelerare a un certo punto dell'esecuzione. Se pensasse ad ogni singola nota il risultato sarebbe il blocco e rovinerebbe l'esecuzione del brano che sta suonando. Il punto è che se presti consciamente attenzione a un processo inconscio, lo blocchi!

Perché questo semplice esempio è così importante? Per farti capire che a volte metti in atto gli incantesimi senza nemmeno rendertene conto. Il primo passo per liberartene è riconoscerli proprio nel momento in cui li stai mettendo in atto. Questo permette alla tua mente di creare un *break* (una pausa), evitando così di finire sotto il loro influsso. In questo modo avrai la possibilità di scegliere cosa fare invece di lasciare che l'incantesimo ti faccia fare quello che non vuoi. Prestare consciamente attenzione agli incantesimi ti consente di bloccarli.

SEGRETO n. 8: se ti fermi puoi scegliere, se non ti fermi sarà l'incantesimo a scegliere te!

Il processo di trasformazione da inconscio a conscio è molto utile per iniziare a liberarti dai tuoi incantesimi creando un break. Riconoscere che li stai utilizzando su di te, ti permetterà di creare una situazione di "sospensione" nella tua mente, di distacco momentaneo da quello che sta accadendo, avendo la possibilità di diventare per un istante regista dell'azione invece che attore.

Il secondo passaggio necessario alla trasformazione è utilizzare gli *antidoti.* Cosa sono gli antidoti? Prestare attenzione e mettere un break agli incantesimi è la prima parte di un processo di trasformazione, ma da solo può non bastare. Il vuoto che hai creato con il break in qualche modo deve essere riempito, e se non lo riempi gli incantesimi potrebbero farlo per te!

Gli antidoti sono dei messaggi che invece di partire dalla sofferenza partono dall'amore. L'antidoto per avere effetto deve essere semplice e formulato in maniera positiva.

SEGRETO n. 9: per avere effetto, l'antidoto deve essere

formulato in maniera semplice e positiva.

Se il tuo antidoto è troppo complicato la mente sceglierà la strada meno faticosa da percorrere, che molto spesso è quella dell'incantesimo. Questo succede perché la tua mente tende a seguire le tue abitudini, non importa se buone o cattive, lo fa perché le abitudini danno sicurezza.

Molto spesso chi ha l'abitudine di prendere delle gocce per l'ansia le tiene in borsa e prima di uscire controlla di averle con sé, se l'ansia è molto forte potrebbe dirsi: «Se non ho le mie gocce non mi muovo!» Magari non le userà, ma sapere di averle con sé gli donerà una sensazione di sicurezza.

La seconda regola di un buon antidoto è che questo deve essere espresso in positivo. Molti formulano gli antidoti in maniera negativa e si dicono: «Non voglio avere paura, non voglio stare male, non voglio soffrire inutilmente».

Quando usi delle formulazioni negative, come ad esempio: «Non voglio», l'intenzione è buona ma l'effetto che ottieni è molto spesso il contrario di quello che desideri. Se ad esempio il tuo partner inizia una frase dicendo: «Non ti arrabbiare per quello che sto per dirti», anche se l'intenzione è di non farti arrabbiare, è molto probabile che ottenga l'effetto opposto!

Il nostro cervello, per capire il significato di quello che gli stai dicendo, salta il "non" e arriva direttamente ad "arrabbiare" attivando quel sentimento distruttivo che è dentro di te. Formulare in positivo l'antidoto ti permette di attivare emozioni costruttive, formularlo in negativo attiva emozioni distruttive. Andiamo a vedere insieme i principali antidoti che puoi utilizzare da subito per "sciogliere" gli incantesimi.

Primo antidoto: l'importanza

«I miei bisogni sono importanti quanto quelli del mio partner».

Nell'incantesimo della cancellazione la formulazione generale è la seguente: «Se mi cancello per te, mi amerai». Qui la fonte dell'incantesimo è il concetto che gli altri, i loro bisogni, i loro desideri, le loro aspettative, sono sempre più importanti dei tuoi.

Come abbiamo visto, questa convinzione in realtà crea disagio e paura dentro di te, generando sentimenti di inadeguatezza e rabbia. In realtà quando ti rendi conto che i bisogni che hai sono importanti tanto quanto quelli degli altri, compi un gesto di amore nei tuoi confronti così potente da rompere l'incantesimo. Le persone che amano e rispettano i propri bisogni sono più attente anche ai bisogni degli altri, perché comprendono quanto questi siano fondamentali per stare bene.

Se hai il bisogno di passare del tempo con gli amici, quando il partner esprimerà lo stesso bisogno sarai maggiormente rispettoso e comprensivo, invece che sospettoso e pieno di rancore, perché tu stesso in prima persona sai quanto questo bisogno è importante per te.

Secondo antidoto: l'equilibrio
«Il mio ruolo è importate come quello del mio partner».

Nell'incantesimo della sostituzione il partner fa quello che ha paura che l'altro non faccia sostituendosi al suo ruolo. In questi casi il circolo negativo che l'incantesimo scatena è quello di una relazione dove uno dei due partner si prende la responsabilità di interpretare il suo ruolo e quello dell'altro. L'incantesimo in questo caso è: «Se non lo faccio, lui non lo farà». E così, pur di evitare la sofferenza, ci si sostituisce all'altro togliendogli la possibilità di "fare" all'interno del rapporto.

L'antidoto deve partire dalla considerazione che in un rapporto equilibrato e sano ognuno dei partner deve avere un suo ruolo ed essere libero di esercitarlo. Se all'interno della relazione questo non accade, un partner prende il carico dell'altro e l'altro progressivamente si allontana sempre di più, visto che tanto la sua presenza non è richiesta.

Terzo antidoto: il valore

«Il mio valore è prezioso tanto quanto quello del mio partner».

Questo incantesimo nasce dalla paura di non essere abbastanza per essere amati. Non sei abbastanza bello/a, alto/a, magro/a, intelligente, sicuro/a di te ecc. La paura di non essere abbastanza porta spesso le persone a evitare di entrare in contatto con l'altro, o di farlo ma non al pieno delle proprie capacità. Ci si svaluta evitando di iniziare una relazione oppure, se invece ci si è già, si svalutano le proprie caratteristiche evitando di metterle a disposizione del partner e impoverendo il rapporto.

L'antidoto parte dalla considerazione che ognuno di noi possiede in realtà delle caratteristiche uniche e personali, un dono che ci contraddistingue dagli altri. Anche se non possiamo piacere a tutti, dobbiamo piacerci e valorizzare il dono che possediamo, ricordandoci che se non valorizziamo i doni che abbiamo, questi faranno perdere valore a noi e alla nostra relazione. Un po' come se avessimo un bellissimo gioiello che a causa delle nostra incuranza rimane impolverato in fondo a un cassetto.

Quarto antidoto: la possibilità
«È meglio sbagliare che non fare».

L'incantesimo della rassegnazione parte dalla paura che non c'è niente che si possa fare per migliorare la condizione in cui siamo, e fare qualcosa, qualsiasi cosa, non potrà far altro che peggiorare la situazione. Così, nella mente di chi soffre per questo incantesimo, si crea la convinzione che sia meglio non fare niente, rassegnandosi all'ennesima delusione di un sentimento che deprime invece che soddisfare.

La formulazione base dell'incantesimo è: «Non posso farci niente, non ho potere». L'antidoto parte dalla considerazione che non fare niente è sempre peggio che fare qualcosa, visto che ci relega in una condizione che lo psicologo statunitense Martin Seligman ho definito come "impotenza appresa". Chi impara che sbagliare è peggio che non fare, vive costantemente in una condizione di sofferenza e rabbia compressa che deprime gradualmente se stesso e la relazione con il partner.

Ora che conosci i principali antidoti agli incantesimi della coppia, saprai affrontarli nel modo giusto quando si presenteranno. Noterai che man mano che li metterai in pratica diventeranno una parte integrante del tuo inconscio e ti accorgerai gradualmente di essere sulla buona strada verso una positiva trasformazione delle tue relazioni. Ricorda: un grammo di pratica vale più di un chilo di teoria!

RIEPILOGO DEL CAPITOLO 2:

- SEGRETO n. 6: l'incantesimo è una forma di autoipnosi che utilizza la paura per indebolirci.
- SEGRETO n. 7: sbloccare un incantesimo è possibile solo se lo sai riconoscere.
- SEGRETO n. 8: se ti fermi puoi scegliere, se non ti fermi sarà l'incantesimo a scegliere te!
- SEGRETO n. 9: per avere effetto, l'antidoto deve essere formulato in maniera semplice e positiva.

CAPITOLO 3
Come condividere l'amore

Adesso che hai ben chiaro come funziona il Triangolo dell'Amore e quali sono gli incantesimi principali che possono nascere all'interno della coppia e gli antidoti per sconfiggerli, possiamo passare alla fase successiva: la condivisione.

Comunicare vuol dire trasmettere e ricevere delle informazioni, come diceva il noto filosofo e psicologo Paul Watzlawick: «È impossibile non comunicare». Anche quando sei in silenzio, stai comunicando qualcosa.

Se vuoi migliorare la tua relazione, prima di trasmettere qualcosa, è bene accertarsi che quel messaggio sia davvero quello che vuoi che il partner riceva. Devi prenderti del tempo ed essere sicuro che i messaggi che comunichi siano messaggi che partono dall'amore, invece che dalla paura.

Come comunicare davvero? Molti individui utilizzano modi di comunicazione che ostacolano il rapporto rendendoli incapaci di comprendersi l'un l'altro. Questo capita il più delle volte perché pur di proteggere le tue parti più fragili diventi ostile e ti chiudi in te stesso per paura di essere ferito.

Questo atteggiamento crea una falsa sicurezza che ben presto lascia spazio alla tristezza e all'incapacità di trasmettere a chi ti sta vicino i tuoi veri bisogni e sentimenti. Si crea così un distacco che compromette la possibilità di consolidare quel legame profondo con la persona che desideri. La buona notizia è che esiste un modo per affrontare le proprie paure e uscire da questo circolo vizioso. Devi esplorare i luoghi più nascosti del tuo cuore, capirne bisogni e desideri, entrare in contatto con le tue più pure emozioni e aprirti all'altro. Questo ti permetterà di consolidare il tuo rapporto.

SEGRETO n. 10: per migliorare le tue relazioni devi trasmettere messaggi che partono dall'amore invece che dalla paura.

Come sai, i bisogni sono forze dentro di te che ti spingono verso una direzione ben precisa, ovvero la loro soddisfazione. Se nella relazione con il partner riesci a soddisfare i tuoi bisogni, il rapporto sarà sano e soddisfacente, se invece non ci riesci, la relazione sarà deludente e carica di sofferenza.

Ma qual è il primo passo da fare per ottenere un risultato positivo? È necessario essere consapevole dei propri bisogni:

- bisogno di amore e contatto;
- bisogno di sicurezza;
- bisogno di varietà;
- bisogno di crescere;
- bisogno di essere importante;
- bisogno di essere accettato;
- bisogno di contribuire.

Il primo è il *bisogno di amore e contatto*. Questo bisogno si può esprimere cercando la vicinanza del partner, le coccole, un abbraccio, altre volte si può esprimere con una vicinanza affettiva, una sorta di assonanza o di affinità che ti fa sentire il partner vicino anche se non lo è necessariamente in senso fisico.

Il secondo bisogno è quello di *sicurezza*. Con sicurezza intendiamo la sicurezza della relazione, il senso di fiducia all'interno del rapporto, la certezza che la tua relazione è sicura e protetta dalle incertezze che si possono presentare. Il credo di fondo è questo: «Sì, abbiamo discusso, ma questo non vuol dire che lui/lei mi abbandonerà». La sicurezza è una sensazione interiore di profonda certezza, come quando, per intenderci, dici: «Potrei metterci la mano sul fuoco». Quando questo manca può esserci passione nella coppia, ma non quella libertà di affidarsi all'altro con la sicurezza di essere sostenuto e compreso.

L'immagine che puoi associare a questo bisogno è quella di due ginnasti alle prese con l'esercizio del trapezio. Appeso a una sbarra da un lato, il primo trapezista si lancia e si lascia portare dal trapezio, a un certo punto si deve staccare dalla sbarra per andare ad afferrare le mani dell'altro trapezista. Si abbandona con fiducia all'altro, sapendo che il suo partner lo afferrerà saldamente senza farlo cadere.

Il terzo bisogno è il *bisogno di varietà*. Il bisogno di varietà è quello che nasce dopo che la sicurezza è stata soddisfatta. Il desiderio di provare esperienze nuove che vadano al di là della routine nella quale molti rapporti rischiano di finire, fatta di ritmi e appuntamenti sempre uguali, di parole e argomenti che non evolvono mai in qualcosa di nuovo che stimoli la curiosità e il desiderio della coppia.

Questo non vuol dire che quello che c'è stato fino adesso all'interno della coppia non sia prezioso o piacevole. Ognuno di noi ha un piatto che preferisce, magari legato ai nostri ricordi, e ogni volta che lo mangiamo ci dona un immenso piacere. Prova però a immaginare di mangiare questo stesso piatto a tutti i pasti, mattina e sera per più giorni. Probabilmente dopo pochi giorni finirai per non averne più voglia e stare male al solo pensiero di doverne mangiare ancora!

La stessa cosa accade nei rapporti di coppia, per cui il bisogno varietà è altrettanto importante quanto il bisogno sicurezza per mantenere viva la relazione all'interno della coppia.

Il quarto bisogno è il *bisogno di crescere*. Cosa significa esattamente "crescere"? Crescere come coppia può avere significati differenti: per una giovane coppia crescere potrebbe voler dire andare a vivere assieme o semplicemente essere presentati ai rispettivi genitori. Per altri crescere potrebbe voler dire comprare casa e avere un figlio, per altri ancora fare la scelta di creare un'attività lavorativa in comune. Il bisogno di crescere è comune a tutto il genere umano, crescere è l'indicazione che un rapporto si sta evolvendo verso qualcosa di più maturo.

A volte le coppie si bloccano su questo punto perché uno dei partner non sente il bisogno di far evolvere la relazione, non si sente pronto o più semplicemente si è reso conto che non vuole fare questo passo con l'attuale partner. Altre volte il problema sta nel non riuscire a trasmettere adeguatamente il motivo per cui si vuole crescere e si vuole evolvere verso uno stadio successivo. Di questo ci occuperemo nella parte relativa alle emozioni.

Il quinto bisogno è il *bisogno di sentirsi importanti*. Cosa significa "sentirsi importanti"? Questo bisogno si esprime in maniera positiva o negativa all'interno della coppia seguendo comunque un'unica finalità: ricevere l'attenzione del partner.

Ad esempio può esprimersi attraverso delle scenate di gelosia. Il partner insicuro del proprio valore cerca di attirare l'attenzione dell'altro, invece che comunicando la sua insicurezza e cercando un confronto, litigando e accusando l'altro di essere infedele. Non perché ci siano prove che lo supportano ma semplicemente per attirare la sua attenzione.

Un modo diverso di avere attenzioni e sentirsi importanti lo si può ricercare occupandosi del partner ascoltandolo e imparando a conoscerlo, lasciando che l'altro capisca quanto siamo importanti per lui perché ci teniamo a lui e siamo maturi abbastanza per non vivere dell'approvazione che lui ci dà.

Il sesto bisogno è quello di *sentirsi accettati*. Molto spesso nella coppia uno dei due partner non si sente accettato dall'altro. Accettare non significa condividere tutti i punti di vista dell'altro, i gusti in fatto di moda, musica o politica. Sentirsi accettati significa sentirsi liberi di perseguire i propri interessi sapendo che l'altro comprende quanto questo sia importante per noi, facendoci sentire graditi per quello che siamo.

Il settimo bisogno è quello di *contribuire*. Nello specifico, questo bisogno può manifestarsi in diversi modi. Nel dare del proprio tempo all'altro per aiutarlo a realizzare un suo desiderio, nel donargli tempo e attenzione, non perché ne abbiamo un tornaconto personale, ma perché vogliamo contribuire con quello che possediamo alla sua felicità.

Per contribuire il partner deve aver maturato tutta una serie di possibilità che gli facciano vivere l'atto del contribuire una possibilità di scegliere liberamente di dare del tempo e dell'attenzione all'altro perché in quel momento ne abbiamo a sufficienza, non perché ci stiamo sacrificando.

Ora che conosci tutti i principali bisogni che si possono esprimere all'interno della coppia, prendi carta e penna e crea la tua personale classifica, dal più importante a quello che in questo momento reputi meno significativo per la tua crescita personale. Dopo averli individuati, rispondi alla domanda: «Quali sono i modi attraverso cui soddisfo questi bisogni?» Alla fine di questo esercizio condividi quanto scritto con il tuo partner, seguendo le indicazioni che trovi nelle prossime pagine.

SEGRETO n. 11: per consolidare il tuo rapporto devi entrare in contatto con le tue emozioni più pure e aprirti all'altro.

La dinamica relazionale applicata

Lei: «Stai sempre con i tuoi amici! Io mi sento sola!»

Lui: «Anche tu vedi le tue amiche, perché sei così egoista?»

Lei: «Egoista io, sei tu che te ne freghi!»

Lui: «Come ti permetti, non capisci niente.»

Lei (piangendo): «Sei tu che non capisci niente...»

Le incomprensioni nascono quasi sempre quando provi a dire a qualcuno che ha un problema o che sta sbagliando. Sia che tu abbia ragione o torto, quando ti senti accusato di aver sbagliato o in difetto, subito ti metti in modalità difensiva o di attacco. Nessuno prende la via di mezzo, quella del distacco e dell'analisi, perché in gioco ci sono delle emozioni. E questo spesso genera dei problemi, che solo con il senno di poi saresti in grado di evitare. Tutti dicono che comunicare è importante, te lo sarai sentito ripetere più e più volte. È sicuramente una cosa importante, ma ciò che fa la differenza in un rapporto non è il semplice comunicare, ma il modo in cui si fa!

SEGRETO n. 12: non basta comunicare, bisogna sapere come farlo efficacemente!

La comunicazione è uno scambio di emozioni di ogni tipo. Le emozioni che vengono scambiate possono essere brutte o belle, ricorda che in una comunicazione sempre c'è uno scambio di emozioni.

Ti può essere d'aiuto capire questo concetto se pensi alla comunicazione come un atto commerciale, dove avviene sempre una "compravendita" di emozioni. Ebbene sì! Guardati intorno e vedrai che ognuno di noi in ogni momento compra o vende emozioni. In una relazione che è agli inizi solitamente le emozioni più vendute e comprate sono gioia, serenità, pace e forza. In una relazione matura invece sono la stabilità, la sicurezza e il sostegno. In un conflitto prevalgono il controllo, la rabbia e l'umiliazione.

Tutti noi compriamo e tutti noi vendiamo. La compravendita di emozioni può avvenire in diversi modi, ma le possibilità si riducono sempre a due: vendi e acquisti. Vediamo un esempio:

Lei: «Sei continuamente con i tuoi amici! Io mi sento sola!»

(Lei sta vendendo senso di colpa e tristezza).

Lui: «Anche tu vedi le tue amiche, perché sei così egoista?»

(Lui acquista il senso di colpa e vende la rabbia).

Lei: «Egoista io, sei tu che te ne freghi!»

(Lei acquista la rabbia e vende la delusione).

Lui: «Come ti permetti, non capisci niente».

(Lui acquista il "tu sei sbagliato" e vende disprezzo).

Lei (piangendo): «Sei tu che non capisci niente».

(Lei acquista debolezza e vende rammarico).

Attraverso frasi taglienti, parole pesanti ed espressioni appositamente create per colpire i punti deboli di chi ti sta di fronte, cerchi di mantenere salda la tua posizione pensando di cavartela senza riportare ferite emotive.

Durante un diverbio ciò che si scambia è rabbia, delusione e insoddisfazione. Il conflitto si accende perché uno dei due si sente attaccato e sente di perdere la propria libertà di movimento. La reazione è un attacco che mira a vendere all'altro la rabbia.

SEGRETO n. 13: all'interno di una relazione, tutti noi vendiamo o acquistiamo emozioni.

Per capire la relazione come compravendita di emozioni è necessario che tu conosca le regole della *dinamica relazionale applicata*. La dinamica relazionale applicata riguarda tre tipi di relazione: con noi stessi, con l'altro, con il mondo.

Sei all'interno di una dinamica relazionale applicata a te stesso quando ti biasimi per un insuccesso. In questo caso ciò che stai vendendo/acquistando a te stesso è frustrazione e rabbia. Sei all'interno di una dinamica relazionale applicata all'altro quando gli regali un fiore e gli vendi/acquisti gioia. Sei all'interno di una dinamica relazionale applicata al mondo quando maltratti un animale e gli vendi/acquisti disprezzo.

Come fare a creare una dinamica relazionale applicata efficace? Semplice, basta seguire alcune regole fondamentali di comunicazione efficace.

Usa l'*io* invece del *tu*

Il primo passo da fare è iniziare una conversazione usando «Io » e non «Tu». Mentre "io" lascia spazio alla negoziazione, "tu" è categorico e giudicante. Usando il termine "io" fai capire a chi ti ascolta che tu sai di che cosa stai parlando, tu prendi la responsabilità di ciò che dici e che stai condividendo il tuo personale punto di vista con il tuo interlocutore.

In secondo luogo, è bene focalizzarsi su ciò che stai sentendo in quel momento. Per rendere la comunicazione efficace devi aver ben chiare le tue emozioni. Questa è la verità, nella nostra cultura non siamo abituati a parlare molto di emozioni perché chi mostra le proprie emozioni è considerato un debole.

Questa convinzione porta molte persone a sopprimere le proprie emozioni o a viverle con senso di colpa. Tutto ciò ha un effetto devastante sulla tua relazione. Se hai l'abitudine di bloccare le emozioni stai creando in te un sacco di tensioni che alla lunga comprometteranno il tuo funzionamento psicofisico. Cali di concentrazione, vuoti di memoria, stanchezza mentale, confusione oppure dolori muscolari, cefalee, coliti possono essere causate dalle tensioni generate da blocchi che inconsapevolmente hai creato.

Infine, esprimi ciò di cui hai bisogno. Esiste un antico proverbio che ha rovinato milioni di rapporti interpersonali. Il proverbio è questo: «L'erba voglio non cresce neanche nel giardino del re». Questo adagio è così potente che ha portato molti di noi a smettere di chiedere e di esprimere i propri desideri e bisogni.

Non esiste niente di più sbagliato. Condividere i propri desideri e bisogni è il primo passo per costruire un solido rapporto. Significa dare la possibilità all'altro di conoscerti veramente.

Riassumendo, se vuoi creare una relazione che si basi su una comunicazione chiara ed efficace, segui questa regola:

IO + EMOZIONE + BISOGNO

Ecco alcuni esempi per mettere in pratica i segreti che abbiamo condiviso con te:

«Tu non ci sei mai quando ho bisogno»

diventa:

«Mi sento messo da parte quando ho bisogno di abbracciarti e non ci riesco».

«Tu non mi lasci mai passare del tempo con i miei amici» diventa:

«Mi sento giudicato e in difetto quando ho bisogno di rilassami passando del tempo con gli amici».

Condividi ciò che ti aspetti dall'altro

Le aspettative non condivise sono tra le più comuni cause di incomprensione all'interno della coppia. Le aspettative non condivise sono idee o comportamenti che sembrano sfacciatamente ovvi per uno dei due partner, ma che rimangono sconosciuti, non riconosciuti o minimizzati dall'altro/a.

Pensare che "di sicuro a lei piacerà il cioccolato", "di sicuro lui sa che mi piace andare dalla parrucchiera una volta alla settimana", "di sicuro lei sa che il mio lavoro mi porterà a viaggiare molto", sono classici esempi di aspettative non condivise.

Nessuna di queste aspettative è sbagliata di per sé. E non c'è nulla di male nell'avere aspettative nei confronti dell'altro partner. I problemi, tuttavia, sorgono quando le aspettative rimangono inespresse e non negoziate. Infatti, la condivisione delle aspettative non è qualcosa che succede in automatico.

Uno degli errori più comuni che si verifica all'interno della coppia è chiamato *lettura della mente*. La "lettura della mente" è un'espressione che viene usata in nel campo della comunicazione ipnotica per indicare quello che accade quando facciamo qualcosa pensando di sapere ciò che l'altro pensa, senza che chi ci sta di fronte l'abbia esplicitamente espresso o chiesto.

Esempio: Marco torna dal lavoro e sulla strada del ritorno si ferma in pasticceria a prendere dei buonissimi dolci al cioccolato. Con il sorriso stampato sul viso si presenta da Lucia, la sua ragazza. Alla vista dei dolci al cioccolato Lucia rimane disgustata, ma per non fare un dispiacere a Marco li accetta. Marco, sorpreso, sente un profondo senso di frustrazione e senza dire niente trova subito una scusa per spostare l'attenzione dai dolci alla programmazione della cena, portandosi dentro un senso di tristezza per tutta la serata.

La lettura della mente genera delle "aspettative tossiche" non espresse. Quindi trova il tempo di sederti e condividere con il tuo partner ciò che ti aspetti e vorresti in una relazione.

Parrot frasing: ovvero entrare in contatto con l'altro

Parrot frasing significa ripetere ciò che il tuo partner ha appena detto prima di offrire i tuoi suggerimenti o punti di vista. In questo modo il messaggio che stai dando alle persona è duplice: ti ascolto e ti capisco.

Qual è la differenza fondamentale tra parafrasare e fare *parrot frasing*? Come terapeuti ci siamo accorti che a volte parafrasare travisa il contenuto di quello che ci viene detto dal partner. Parafrasare porta a interpretare secondo quello che noi pensiamo, invece che ascoltare davvero quello che l'altra persona ha comunicato. Parafrasare può creare ancora più distanza tra i partner. I migliori venditori e terapeuti usano invece ripetere parola per parola (*parrot frasing* significa "ripetere a pappagallo") per creare un miglior rapporto tra sé e l'altro, facendolo sentire ascoltato e compreso.

Eccoti un esempio:

Lei: «Devo andare da mia madre e ho bisogno che tu ti occupi dei bambini mentre la porto da mia sorella, così almeno non starò tutto il tempo a preoccuparmi di cosa fanno».

Parafrasare: «Quindi vuoi che io stia a casa con i bambini tutta la sera?»

Parrot frasing: «Devi andare da tua madre e hai bisogno che mi occupi dei bambini mentre la porti da tua sorella, così non starai tutto il tempo a preoccuparti di quello che fanno?»

Anche se può sembrare banale, "parrot-frasare" può fare la differenza tra far sentire l'altro compreso e farlo sentire incompreso. Alcuni potrebbero pensare che ciò equivalga a prendere in giro l'altro, in realtà quando metti in pratica questo segreto noterai che l'altra persona si sentirà ascoltata e capita. Per mettere in pratica questa regola devi ascoltare e portare attenzione a quello che l'altro dice, non è possibile fingere.

Metti in pratica questa tecnica anche solo per fare una prova e nota come rapidamente il tuo rapporto migliorerà. "Parrot-frasare" inoltre fa sì che il messaggio sia capito in maniera chiara da entrambe le parti, annullando la possibilità di incomprensioni. Ti garantiamo che questo crea una vicinanza emotiva così solida che ti stupirai.

SEGRETO n. 14: utilizza l'*io* invece del *tu*. Svela le tue aspettative e annulla le possibilità di incomprensione.

È celebre la frase di Lavoisier che dice che in natura «Nulla si crea, nulla si distrugge, tutto si trasforma». Il tuo corpo si trasforma man mano che cresci e così anche la tua mente si trasforma mentre tu vieni a contatto con nuove esperienze di vita. L'amore non sfugge a questa legge e per maturare verso *L'Amore Davvero*™ è necessario lasciare che la mente e il cuore si trasformino per allontanarsi dalla sofferenza che provoca l'amore immaturo, e avvicinarsi sempre di più a un amore che dà gioia e benessere.

A questo punto alcune idee e concetti dentro di te potrebbero essersi già trasformati portandoti a fare nuove riflessioni, e aggiungendo qualcosa a quella che è la tua idea dell'amore. Ma questo non basta. Adesso bisogna lasciare che tu possa comunicare in maniera diversa quello che hai appreso e poi abbandonare definitivamente quegli incantesimi che non sono più utili e che nascono dalla paura invece che dall'amore.

RIEPILOGO DEL CAPITOLO 3:

- SEGRETO n. 10: per migliorare le nostre relazioni devi trasmettere messaggi che partono dall'amore invece che dalla paura.

- SEGRETO n. 11: per consolidare il tuo rapporto devi entrare in contatto con le tue emozioni più pure e aprirti all'altro.

- SEGRETO n. 12: non basta comunicare, bisogna sapere come farlo efficacemente!

- SEGRETO n. 13: all'interno di una relazione, tutti noi vendiamo o acquistiamo emozioni.

- SEGRETO n. 14: utilizza l'*io* invece del *tu*. Svela le tue aspettative e annulla le possibilità di incomprensione.

Conclusione

Hai appena concluso il percorso che ti porterà a vivere pienamente le tue relazioni d'amore. Hai sperimentato in prima persona come questo sia il primo di tanti passi e di tante scoperte da fare in questo campo.

Quello che abbiamo provato quando ci siamo resi conto per la prima volta delle potenzialità di questo lavoro e di come stava rivoluzionando la vita dei nostri clienti, è stato per noi incancellabile. Il lavoro di psicoterapeuti richiede molta attenzione e molta passione è una professione estremamente impegnativa. Quando vedi che le persone che prima soffrivano per amore sono riuscite a trasformare la loro vita, hanno trovato la loro strada per riuscire ad amarsi e ad amare, ti rendi conto che i tuoi sforzi sono stati premiati. Questa, per chi fa il nostro lavoro, è la massima ricompensa.

Per alcune persone questo cambiamento è più facile che per altre. Trovano un'indicazione, la mettono in pratica adattandola a se stessi, e le cose cambiamo in meglio da subito. Altri passano attraverso una serie di riflessioni e ragionamenti, rivedono più volte i concetti chiave che per loro sono importanti in quel momento, e trovano nuovi sentieri che li possono condurre a un amore maturo e pieno di soddisfazione.

Non stiamo dicendo che questo percorso sia per tutti facile e immediato. Richiede un notevole impegno e molta dedizione. Da questo metodo, come persone e come psicoterapeuti abbiamo imparato che non è poi così importante dove ci si trova in questo momento, ma cosa possono insegnarci le infinite strade dell'amore.

Sia che tu sia appagato, sia che tu sia insoddisfatto dell'amore, ricordati che c'è sempre qualcosa che ancora non conosci e che merita di essere scoperto, perché l'amore è un maestro che ti può insegnare il vero significato della vita.

Il nostro augurio è che attraverso le indicazioni pratiche, gli esempi e le strategie che ti abbiamo suggerito in questo manuale, tu possa entrare a far parte di quelle persone che hanno capito che l'amore è gioia e non sofferenza, che l'amore è valorizzarsi e valorizzare la persona che ti ha concesso il dono di spendere del tempo con te. Il motivo? Tu sei unico e speciale e meriti di amare ed essere amato.

Augurandoti *L'Amore Davvero*™,

Mauro Barachetti & Manuel Mauri

www.ingramcontent.com/pod-product-compliance
Lightning Source LLC
Chambersburg PA
CBHW052142270326
41930CB00012B/2982